BEI GRIN MACHT SICH IHR WISSEN BEZAHLT

Bibliografische Information der Deutschen Nationalbibliothek:

Die Deutsche Bibliothek verzeichnet diese Publikation in der Deutschen National-
bibliografie; detaillierte bibliografische Daten sind im Internet über http://dnb.d-
nb.de/ abrufbar.

Impressum:

Copyright © 2016 GRIN Verlag, Open Publishing GmbH
Druck und Bindung: Books on Demand GmbH, Norderstedt Germany
ISBN: 9783668613263

Felix Fuchs

Sophie Scholl. Freiheit als Motiv für den Widerstand

Zwischen Widerstand und Anpassung in der NS-Zeit

GRIN Verlag

GRIN - Your knowledge has value

Der GRIN Verlag publiziert seit 1998 wissenschaftliche Arbeiten von Studenten, Hochschullehrern und anderen Akademikern als eBook und gedrucktes Buch. Die Verlagswebsite www.grin.com ist die ideale Plattform zur Veröffentlichung von Hausarbeiten, Abschlussarbeiten, wissenschaftlichen Aufsätzen, Dissertationen und Fachbüchern.

Besuchen Sie uns im Internet:

http://www.grin.com/

http://www.facebook.com/grincom

http://www.twitter.com/grin_com

Inhaltsverzeichnis

1. Einleitung

Die folgende Hausarbeit beschäftigt sich mit der deutschen Widerstandskämpferin Sophie Scholl, die sich zur Zeit des Nationalsozialismus gemeinsam mit Ihrem Bruder Hans Scholl sowie einigen weiteren Widerständlern in der von ihr mitgegründeten Widerstandsgruppe der „Weißen Rose" gegen das NS-Regime engagierte. Die Weiße Rose kämpfte für die Freiheit; jene simple Sache, die heutzutage im vereinten Europa so selbstverständlich scheint. Im Dritten Reich aber wurde sie in nie gekanntem Ausmaß bedroht, diese Freiheit, was unter Hitler so viele Menschen, besonders Juden, aber auch ganz normale, „deutsche" Menschen, die sich nicht diesem fürchterlichen Regime fügten, das Leben kostete. Dies sollte auch das Schicksal Sophie Magdalena Scholls werden, die mit Gleichgesinnten heldenhaft für die Freiheit einstand; die Freiheit aller Menschen wie auch die Freiheit des Wortes. Auf den folgenden Seiten werde ich kurz ihren Lebensweg schildern und dann anschließend genauer auf ihre Motivation und ihre Beweggründe eingehen, warum sie sich dem Widerstand in Deutschland gegen das NS-Regime anschloss, wohlwissend, dass sie mit ihrer Arbeit etwas höchst Illegales im deutschen Unrechtsstaat tat und sie bereit sein musste, dies mit dem Leben zu bezahlen, was sie letztlich auch tat. Auch möchte ich beleuchten, ob sie allein der Wille zum Erkämpfen der Freiheit dazu bewogen hat, solcherlei Gefahren auf sich zu nehmen. Zu diesem Zwecke werde ich jedoch zunächst den Einfluss ihrer Familie, genauer ihrer Eltern und ihrer Geschwister, ihrer Freunde und ihren Bekannten. Weiterhin werde ich ihre eigenen Erfahrungen und Wiederfährnisse auf ihr Tun und Handeln analysieren, um damit letztendlich ihre Motivation, der sie zum Widerstand gegen das NS-Regime veranlasst hat, zu erarbeiten.

2. Leben Sophie Scholls

2.1. Kindheit und Jugend

Sophie Scholl wurde am 9. Mai des Jahres 1921 in dem kleinen Dorf Forchtenberg in Baden-Württemberg als zweitjüngstes ihrer vier Geschwister geboren. Von ihren Eltern, so ihrer Mutter Magdalena, welche bis zu ihrer Eheschließung in einer evangelischen Glaubensgemeinschaft tätig war, und ihrem Vater Robert, der der liberale Bürgermeister ihres Heimatdorfs war, wurde sie zu christlichen Werten erzogen. Im Alter von elf Jahren zog sie mit Ihrer Familie nach Ulm, wo sie, wie ihre Geschwister, die höhere Schule besuchte. Sie schwärmte sehr für ihre Heimat; sie liebte die Natur mit ihren Wälder, Flüssen und Weinbergen. Darum horchte sie auch auf, als sie im Alter von 12 Jahren erfuhr, dass Adolf Hitler an die Macht gekommen ist, der Kameradschaft, Volksgemeinschaft und auch Heimatliebe propagierte. Zu diesem Zeitpunkt trat zum ersten Mal die Politik in ihr Leben.[1]

2.2. Begeisterung für den Nationalsozialismus

Euphorisiert von den von Hitler zum Wahlversprechen gemachten Parolen von der Liebe zum Vaterland und dem Gemeinschaftsideal, trat sie, wie auch ihr Bruder Hans, der Hitlerjugend bei; allerdings sehr zum Missfallen ihres Vaters, was bei ihr jedoch auf Unverständnis stieß. Er verglich Hitler zuweilen mit dem Rattenfänger von Hameln, der die Kinder mit süßen Worten ins Verderben locken würde.[2] Ungeachtet seiner Worte, engagierte sie sich mit Begeisterung im Bund deutscher Mädel (BDM) und nahm an gemeinsamen Wanderungen und Mutproben teil. Besonders die Tatsache, dass sie auf diesem Wege viele neue junge Menschen kennenlernte, die sie andernfalls vielleicht nie getroffen hätte und dass sie trotz ihres damaligen zarten Alters von zwölf Jahren ein vollwertiges Mitglied der deutschen Volksgemeinschaft darstellte, übte eine Faszination auf sie aus. Zudem gefiel es ihr, dass sie von den Erwachsenen ernst genommen, in „einer merkwürdigen Weise"[3] ernst genommen und in die Volksgemeinschaft aufgenommen wurde. Manche Dinge waren ihr nicht verständlich und bereiteten ihr einige Sorgen, diese schlug sie zunächst jedoch in den Wind. Den ersten echten Zweifel am scheinbar so kameradschaftlichen, wunderbaren System säten einige Erlebnisse unter Anderem von Hans in ihr, welche ich später noch eingehender schildern werde. Mit seinen weiteren Erlebnissen, welche sich in der nächsten Zeit zunehmend häuften, erschien ihm und der gesamten Familie diese scheinbar so heile Welt immer befremdlicher.

---

[1] Scholl, Inge: Die Weiße Rose, S. 12 f.
[2] vgl. Scholl, Inge: Die Weiße Rose, S. 14
[3] Scholl, Inge: Die Weiße Rose, S. 14

2.3. Abkehr vom System und Gründung der Weißen Rose

Der aufleuchtende Funke der anfänglichen Irritation ob der befremdlichen Geschehnisse flammte zu einem Feuer der Empörung in ihr auf. Auf diesem Wege brach diese so friedlich und vertraut erscheinende Welt für Sophie zusammen. Die Freiheit, die sie so liebte, hat Hitler ihnen nicht gebracht; er hat sie Stück für Stück zerstört. Ihre Familie sowie viele weitere befanden sich in einem Gewissenskonflikt: Waren ihre alten Werte und Überzeugungen überholt? Weisen die kommenden, von Hitler durchgeführten Schritte, den Weg in eine neue, bessere Zukunft? Sophie mit ihrer Familie konnte diese Frage einschlägig mit einem „Nein" beantworten. So wurde ihre Familie zu einer „kleinen, festen Insel in dem unverständlichen und immer fremder werdenden Getriebe" [4]. Empfindungen wie Geborgenheit und Vertrautheit fanden sie in der Jungenschaft, welche jedoch bald vom NS-Regime verboten wurde. Sie beschäftigte sich mit Dingen wie Musik und Dichtern wie Rilke und George; Dinge, die innerhalb der NS-Ideologie keinen Platz hatten. Kurze Zeit wurde sie sogar verhaftet, weil Hans wegen der Fortsetzung der nun verbotenen Bündischen Jugend bezichtigt wurde. Im Jahre 1937 lernte sie Ihren Freund Fritz Hartnagel kennen, welcher jedoch immer wieder und im Jahre 1939, dem Jahr des Ausbruchs des Zweiten Weltkrieges „endgültig", wie sich später zeigen sollte, für den Militärdienst eingezogen wurde. Im Jahre 1940 begann sie eine Ausbildung zur Kindergärtnerin in Hamburg, wurde jedoch kurz darauf zum Reichsarbeitsdienst eingezogen. Auch Hans war als Medizinstudent „halb Soldat, halb Student". Sie lebte ihr Leben trotz der widrigen Umstände weiter. Was hätte sie auch ausrichten können? , so dachte sie sich.   Eines Tages fiel ihr in der Münchener Universität, an der sie seit kurzer Zeit Biologie und Psychologie studierte, ein Flugblatt in die Hände, das zum Widerstand gegen Hitler aufrief. Die Reaktionen der Studenten hätten unterschiedlicher nicht sein können; manch einer war begeistert, andere waren von schierer Ablenkung und Wut erfüllt. Sophie aber jubelte innerlich, dass es „endlich einer gewagt hätte" [5]. Der Inhalt des Flugblatts sprach ihr richtiggehend aus der Seele.[6] Es war nicht unterzeichnet, mitten im Text wurde nur

---

[5] Scholl, Inge: Die weiße Rose, S. 39
[6] Scholl, Inge: Die weiße Rose, S. 17-39

einmal die Phrase „Die weiße Rose lässt euch keine Ruhe!" [7] erwähnt. Kurz darauf fiel ihr ein, dass Hans solcherlei Aussagen, wie sie auf dem Flugblatt standen, getätigt hatte. Sie erschrak und musste kurz darauf feststellen, dass es tatsächlich ihr Bruder Hans war, der die Handzettel zusammen mit seinen Freunden Christoph Probst und Alexander Schmorell, einem Kommilitonen von ihm, entworfen, gedruckt und verteilt hat. Sie hatte Angst um ihren Bruder und wollte ihn anfänglich von seinem Widerstand abbringen, mit dem Argument, als einzelner doch sowieso nichts ausrichten zu können, doch vergeblich. In der darauffolgenden Zeit wurden weitere drei Flugblätter verteilt, welche nicht nur in der Universität, sondern auch in Briefkästen und im ganzen süddeutschen Raum verteilt wurden. In Gang gebracht, fand die kürzlich aufgenommene Arbeit für Hans und seine Freunde, bis auf Christoph Probst, Mitte Juli des Jahres 1943 schon wieder ein schnelles Ende. Sie wurden plötzlich zum Sanitätsdienst nach Russland an die Ostfront abkommandiert. Am Abend vor der Abreise versammelten sich die Studenten noch einmal mit ihrem Professor Kurt Huber. Auch Sophie war erschienen. Der Professor war auch ein Mitglied der deutschen Widerstandsbewegung und beschwor seine Studenten, alle vertrauenswürdigen Bekannten und Freunde dem Widerstand anzuschließen und allen, die isoliert und scheinbar allein mit ihrem Unmut dem Regime gegenüber stehen, zu vermitteln, dass sie nicht allein sind.[8] Nachdem die Freunde aus Russland zurückgekehrt sind, nahmen sie ihre Arbeit wieder auf. Ein Freund der Familie besaß ein Atelier, in dem die Weiße Rose ihre Zettel nun tausendfach vervielfältigen konnte.[9]

2.4. Engagement in der Weißen Rose

Die erste Aufgabe Sophies war es, in München in der Ludwigstraße 70mal die Wörter „Nieder mit Hitler" an die Wände zu schreiben.[10] Sie setzten ihre Arbeit fort, druckten und verbreiteten zwei weitere Flugblätter. Am 18. Februar 1943 machten sich Hans und Sophie zur Universität auf, um zwei weitere Koffer mit Flugblättern zu verteilen. Kurz

---

[7] Vinke, Hermann: Das kurze Leben der Sophie Scholl, S. 106
[8] Scholl, Inge: Die weiße Rose, S. 40-44
[9] Scholl, Inge: Die weiße Rose, S.48-50
[10] Scholl, Inge: Die weiße Rose, S. 53

nachdem sie ihre Wohnung verlassen haben, klingelte ein Freund bei ihnen, um sie vor der Gestapo zu warnen. Diese Warnung hätte sie vielleicht vor ihrem Schicksal bewahren können. Kurz vor Ende der Vorlesungen legten sie jedenfalls jeweils einen Stoß mit Flugblättern vor die Hörsäle. Auf einer Empore stehend, stieß Sophie zudem einige weitere Flugblätter in die Eingangshalle der Universität.[11]

2.5. Entdeckung ihrer Aktivitäten und Tod

Der linientreue Hausschlosser der Universität, Jakob Schmidt, entdeckte sie und ließ prompt alle Türen verriegeln, womit das Schicksal der beiden besiegelt war. Er übergab sie dem Rektor der Universität, einem SS-Oberführer, welche sie wiederum nach mehrstündigem Verhör an die Gestapo übergab.[12] Sie wurden zusammen mit Christoph Probst, welcher kurz darauf entdeckt wurde, verhaftet.[13] Seine Verhaftung traf beide besonders tief, da sie ihn doch als Vater von zwei kleinen Kindern hatten schützen wollen.[14] Sie wurden in das Wittelsbacher Palais, ein damaliges Münchner Gefängnis, gebracht, wo sie die Zeit zwischen Ihren Verhören verbrachten. Anfangs beteuerte Sophie wie auch Hans ihre Unschuld, als die Beweislast gegen sie jedoch ein erdrückendes Ausmaß annahm, versuchte sie eine Schadensbegrenzung zu betreiben, indem sie alle Schuld auf sich lud, um Christoph zu entlasten, was jedoch erfolglos war. Vier Tage später wurden sie dem extra aus Berlin angereisten, gefürchteten Richter Roland Freisler, der dafür bekannt war, die ihm vorgeführten Angeklagten zu erniedrigen, vorgeführt.[15] Sie wurden von ihm zum Tode durch das Fallbeil verurteilt. Das Urteil wurde noch am selben Tage vollstreckt.[16] Hans soll bei seiner Hinrichtung gerufen haben: „Es lebe die Freiheit!". Kurt Huber, Willi Graf und Alexander Schmorell wurden im Zuge eines zweiten Prozesses ebenfalls zum Tode verurteilt.[17]

---

[11] Scholl, Inge: Die weiße Rose, S. 53-56
[12] Vinke, Hermann: Das kurze Leben der Sophie Scholl, S. 143
[13] Schimmeck, Kerstin: Sophie und Hans Scholl, zum Tode verurteilt am 22.02.1943
[14] Scholl, Inge: Die weiße Rose, S. 57
[15] Kuhla, Karoline: Geschwister Scholl Erzogen zum Widerstand
[16] Interessanterweise wurden, ebenfalls von Roland Freisler in Berlin, einige Mitglieder einer antifaschistischen Widerstandsgruppe zum Tode verurteilt, die sich selbst als „Europäische Union" nannte.
[17] Bannert, Claudia; Albrecht, Kai-Britt: Sophie Scholl 1921-1943

2.6. Nachwirkung

Die Weiße Rose wurde zum Symbol und Inbegriff des Widerstandes gegen das Dritte Reich, als Zentrum des bürgerlich-studentischen Widerstandes. Sie wird vielfach als ein heldenhafter Einsatz für humanistisch-demokratische Ideale in einer Zeit gesehen, wo Deutschland im Angesicht des Scheiterns stand und das deutsche Volk Gefahr lief, eine von allen gehasste Nation zu werden. Gerade Sophie Scholl und ihren Freunden sowie vielen weiteren, die von Ihnen zum Widerstand motiviert wurden, ist es zu verdanken, ein Zeichen an alle zu setzen, dass nicht alle Deutschen „mitgemacht" und sich einem Menschenverächter wie Hitler unterworfen geschweige denn angeschlossen haben.

Schluss

Zusammenfassend ist zu sagen, dass Sophie Scholl wie auch ihr Bruder Hans, die bürgerlichen und guten Verhältnissen entstammten, zwei der denkwürdigsten Menschen der deutschen Geschichte waren. Sie hätten die Möglichkeit gehabt, vor Hitlers Terror die Augen ihres Gewissens zu verschließen und sich Hitler stumm anzuschließen. Stattdessen haben sie den weitaus unbequemeren und gefährlicheren Weg gewählt, sich Hitler entgegenzustellen und für ihre christlichen Ideale einzustehen, was sie letztlich mit dem Tode bezahlten. Was die Weiße Rose nun so heldenhaft machte und was wir alle von ihr lernen können, schildert Ilse Aichinger[18] in einem Interview treffend: „Sich nicht anpassen lassen. Die kleinen Träume vergessen, damit die großen nicht vergessen werden. Sich noch weniger denn je anpassen lassen an diese Welt, die sie immer deutlicher zur Verzweiflung treibt, gerade die Jugend."[19]

---

[18] Ilse Aichinger, Jahrgang 1921, ist eine österreichische Schriftstellerin und eine der bedeutendsten Autorinnen der deutschen Nachkriegsliteratur. Ihr Wirken wurde von den Geschwistern Scholl tief beeinflusst. Sie war auch maßgeblich an der Entstehung des Buches „Die weiße Rose" von einer von Sophies Schwestern, Inge Scholl, beteiligt.
[19] Vinke, Hermann: Das kurze Leben der Sophie Scholl, S. 186

3. Erlebnisse, die sie zum Widerstand motivierten

3.1. Erlebnisse ihres sozialen Umfelds

3.1.1. Erlebnisse von ihr selbst

Das NS-Regime sollte, neben Sophie und Hans, für die gesamte Familie Scholl eine gewaltige Umstellung bedeuten; angefangen damit, dass der zwar parteilose, jedoch sozialdemokratisch orientierte Robert Scholl die Wiederwahl zum Forchtenberger Bürgermeister gegen seinen nationalsozialistischen Konkurrenten Friedrich Kramer verlor. Im Wahlkampf zuvor jedoch äußerte der sich seit jeher überaus liberale und politisch engagierte Scholl den potentiellen Nichtwählern gegenüber, die im zuwider waren, auf eine Weise, die bei selbigen Entrüstung und Ablehnung gegenüber ihm hervorriefen: „Meinen Gegnern aber sage ich: Wer von Euch ist ohne Fehl, Der wirft den ersten Stein auf mich!"[20]. Die Folgen dieses Zitates von wahrhaft „biblischen" Ausmaßen[21] wirkten sich auf die gesamte Familie aus, welche besonders von den Kindern als schockierend empfunden wurden: Hinter ihrem Rücken wurde getuschelt und Erwachsene verstummten, wenn sie vorübergingen; kürzlich noch war ihr Vater ein angesehener Mann, eine Autoritätsperson. Jetzt war er ein einsamer Mann[22], und den Kindern erging es ebenso. Forchtenberg, ihr „kleines Paradies"[23] zu verlassen und bald eine neue Heimat zu haben, war ihnen in Relation zu etwas anderem mehr als gleichgültig: Das Gefühl, nicht mehr dazuzugehören und ihre Umwelt als fremd und feindlich zu empfinden. So wurde bis zu ihrem Umzug die Wohnung im Rathaus zur Festung geworden, die Familie zur Insel inmitten einer feindlichen Welt. Mit ihrer neuen Heimat in Ludwigsburg ging eine Zeit zu Ende, die die Erinnerung an viele schöne, vergangene Jahre nachhaltig trübte. Das Motiv einer „Insel inmitten eines feindlichen Gewerbes"[24] wird sich auch noch später öfters in ihrem Leben wiederfinden

---

[20] Beuys, Barbara: Sophie Scholl, S. 46
[21]Scholl zitiert hier aus Kapitel 8, Vers 7 des Johannesevangeliums Jesus, der auf diesem Wege die Ungerechtigkeit, die einer Ehebrecherin in Form einer Steinigung zuteilwürde, auf sich bezieht und so veranschaulicht. Dies ist aus Kapitel 1 des 2. Römerbriefes entlehnt.
[22] Zu Robert Scholls Freunden zählten unter anderem der evangelische Pfarrer, der jüdische Apotheker und der sozialdemokratische Lehrer, wobei er beiden Bauern jedoch nur wenige Freunde hatte.
[23] Milstein, Werner: Sophie Scholl – Ein Porträt, S. 19
[24] Beuys, Barbara: Sophie Scholl, S. 47

und war damit ein maßgeblicher Faktor, der sie zum Beitritt zur „Weißen Rose" bewog.[25]

3.1.2. Erlebnisse ihrer Familie

Mit dem bereits geschilderten Aufschwung Hitlers beobachteten die Scholl-Kinder auf, dass es mit Deutschland nach Jahren der Wirtschaftskrise wieder bergauf ging: Das Sinken der Arbeitslosenzahlen und der vermehrte Bau von Straßen und Häusern sind nur einige Belege hierfür. Am 1. Mai 1933 traten Inge und Hans Scholl in die Hitlerjugend ein; auch Sophie sollte ihnen bald folgen. Doch mit der fortschreitenden Zeit als Mitglieder der Hitlerjugend bzw. des BDM wuchsen Ihnen Zweifel am scheinbar so kameradschaftlichen, freien und wunderbaren System. So kam ihnen zu Ohren, wie mit den Juden verfahren wurde. Besonders tief aber traf Hans das Verbot von Liedern von Dichtern, die den „Klassenfeinden" entstammten. So durfte Hans, der ein ebenso guter Sänger wie Gitarrenspieler war, seine Lieder , die er aus aller Herren Länder angesammelt hatte, nicht mehr zum Vortrage bringen, allein, deshalb, weil sie „von anderen Völkern ersonnen"[26] waren. Auch vom Parteitag zu Nürnberg, wo er die Fahne seines Standorts tragen sollte, kehrte er enttäuscht zurück. Grund dafür waren die dort vertretenen Ideale des Nationalsozialismus, die im Klartext formuliert im Wesentlichen aus Drill und Uniformierung bestanden, wobei Hans sich doch erhofft hatte, dass jeder einzelne seine Phantasie und Kreativität einbringen und sich frei zu einem Individuum entwickeln könne. Auch das Verbot einiger weiterer von ihm geliebter Bücher brachte ihn ins Nachdenken, zumal er auf das „Warum?" keine Antwort erhielt. Ein weiteres spektakuläres Ereignis trug sich zu, als der Fahnenträger des Fähnleins von Hans aufgefordert wurde, die Fahne ihrer Abteilung abzugeben, obwohl er doch so stolz auf sie war, da sie sie mit einem prachtvollen Sagentier versehen haben. Als der etwa Zwölfjährige, in Furcht geratene Fahnenträger zum dritten Mal aufgefordert wurde, die Fahne abzugeben, sah sich Hans dazu veranlasst, dem Führer eine Ohrfeige zu versetzen. Von da an war er kein Fähnleinführer mehr. Der

---

[25] ebd., S.46-48
[26] Scholl, Inge: Die Weiße Rose, S. 15

Funke des Zweifels, der in Hans erglommen war, sprang auf die anderen Geschwister über und sollte schon bald zu einem lodernden Feuer der Empörung werden. So hörte Sophie durch ihre Mutter von einem jungen Lehrer, der vor eine Gruppe aus SA-Leuten gestellt wurde. Selbige erhielten den Befehl ihm allesamt in das Gesicht zu spucken. Nach dieser beispiellosen Demütigung kam er in ein Konzentrationslager und ward nie wieder gesehen. Auf die Frage nach dem Grund hörte sie nur die Antwort, dass sein Verbrechen allein daraus bestand, kein Nationalsozialist zu sein. Der von ihnen erfahrene Fanatismus und die Forderung nach bedingungsloser Unterordnung, die sich im Verbot ausländischer Lieder und vieler ihrer Lieblingsschriftsteller wie Rilke, einem der wichtigsten Vertreter der deutschen Literatur, äußerte, führten zu einer allmählichen Entfremdung vom Nationalsozialismus, die von den liberalen Ideen des Vaters und der Religiosität der Mutter beschleunigt wurde. Solcherlei Erkenntnisse bekehrten sie zur völligen Abkehr vom Nationalsozialismus, was sich auch darin zeigte, dass Hans kurz darauf der bereits verbotenen „Jungenschaft" beitrat, die sich selbst nach ihrem Gründungsdatum, dem 1. November „d.j.1.11"[27] nannte. In ihr ging Hans auf, sie beschäftigte sich nicht mit stumpfsinnigem Marschieren, sondern der Entdeckung von, wohlgemerkt, „entarteter" Literatur und der Natur. Pro forma blieb er jedoch auch, wie seine Geschwister, in der Hitlerjugend, um sein Abitur absolvieren zu können. Andernfalls wäre ihm dies verwehrt gewesen, was ein weiteres Beispiel der Repressalien der NS-Diktatur und der Unfreiheit des Menschen im damaligen Deutschland darstellte. Auch Sophie engagierte sich zunächst mit Hingabe im BDM, der Jugendorganisation für Mädchen der NSDAP. Doch auch dort ließ es nicht lange auf sich warten, bis sie dort erste Widersprüche erkannte. So fragte sie sich, warum sie, mit ihren dunklen Augen und Haaren, ein Mitglied des BDM sein darf, während ihre jüdische Schulfreundin Luise Nathan der Beitritt verwehrt blieb. Als dann Gruppierungen der SA jüdische Geschäfte regelrecht belagerte, um ihre Kunden abzuschrecken und sie so in den Ruin zu treiben, wurde ihnen der menschenverachtende Charakter des Systems nochmals mehr als offensichtlich und Sophie wie auch der Rest

---

[27] Milstein, Werner: Sophie Scholl – Ein Porträt, S. 24

ihrer Geschwister kehrte Hitler, zumindest im Geiste, den Rücken zu.[28] Besonders in Fällen der offenen Benachteiligung einzelner Personen und Personengruppen wie in erster Linie den Juden wurde Sophie immer skeptischer, da sie seit jeher ein sehr starkes Gerechtigkeitsgefühl hatte. An sich schüchtern, legte sie ein eminentes Selbstbewusstsein an den Tag, wenn es galt, Schwächere und Benachteiligte zu unterstützen. Dies zeigte sich auch im Verhalten Sophie Scholls, als sie gewillt war, unbedingt der jungen, aktiven Opposition beizutreten, obwohl sie der Gefahr dessen sehr wohl bewusst war.[29] Hans Scholl begann, griechische Philosophen zu lesen und kam von dort zur Bibel, welche ihm eine Erfüllung gab, die ihm Rilke und George nicht geben konnte. Sophie widmete sich verstärkt der Lektüre von z.b. dem Kirchenvater Augustinus, der sich mit dem Kampf von Gut und Böse befasst, wo sich auch der bekannte Satz findet: „Unruhig ist unser Herz, bis es Ruhe findet in Gott." Nach dem Lesen der publizierten Flugblätter nahmen diese Zeilen einen für ihre Situation enorm hohen Bedeutungsgehalt an. Von Otl Aicher, einem Freund von Hans, auf den ich auch noch später zu sprechen kommen werde, beeinflusst, las sie auch einen Roman des eben zitierten Georges Bernanos, in dem ein Pfarrer versucht, seine Gemeinde für den christlichen Glauben zu gewinnen und dabei auch zahlreiche Rückschläge erfährt, aber dabei unablässig auf Gott vertraut. Mithilfe dieser Bücher wurde ihr Ziel bei der Suche nach einem Weg immer klarer und deutlicher. [30]

3.2. Zusammentreffen mit Personen

3.2.1. Eltern

3.2.1.1. Robert Scholl

Sophie und Hans Scholl versuchten ihre Ideale, welche nach und nach allesamt über den Haufen geworfen wurden, zu verteidigen. Dabei fand auch der Vater, dessen Ansichten gemäß der pubertären Diskrepanz zwischen Eltern und Kindern zuvor noch als veraltet abgewiesen wurden, Gehör: So trug er maßgeblich zu ihrer Meinungsbildung bei: „Wir sind doch kein Vieh, das mit einer vollen Futterkrippe

---

[28] Milstein, Werner: Sophie Scholl – Ein Porträt, S. 21-28
[29] Marx, Cristoph: Vor 72 Jahren wurde Sophie Scholl ermordet: Christliche Studentin gegen Hitler
[30] Milstein, Werner: Sophie Scholl – Ein Porträt, S. 38

zufrieden ist. Die materielle Sicherheit allein wird nie genügen, uns glücklich zu machen. Wir sind doch Menschen, die ihre freie Meinung, ihren eigenen Glauben haben. Eine Regierung, die an diese Dinge rührt, hat keinen Funken Ehrfurcht mehr vor dem Menschen."[31] Eine ebensolche Regierung hat Hitler jedoch geschaffen, indem er das deutsche Volk wie der Rattenfänger von Hameln, wie Robert Scholl ihn einmal bezeichnete, ins Unglück stürzte, nachdem er es zuvor nach der großen Wirtschaftskrise zu Vieh degradiert war, dessen einziges Streben das nach einem vollen Futtertrog darstellte. Besonders treffend hierzu ist meiner Ansicht nach ein Zitat von Georges Bernanos[32]: „Nicht die Diktatoren schaffen Diktaturen, sondern die Herden"[33].

3.2.2. Freunde

3.2.2.1. Fritz Hartnagel

Fritz Hartnagel war der Freund Sophie Scholls, den sie im Jahre 1937 kennenlernte. Wie sie tanzte er sehr gern; so trafen sie sich regelmäßig auf privaten Veranstaltungen, um dort auch die von den Nationalsozialisten verbotenen Tänze wie Swing zu tanzen. Er entstammte einer verbotenen Jugendbewegung. Mit ihm sprach und diskutierte sie viel über die Frage nach dem Gehorsam und der Pflicht. Auch er war ein Gegner des NS-Staates – umso kontroverser debattierte sie mit ihm über seine Entscheidung, Offizier der Wehrmacht zu werden, was sie ihr gegenüber jedoch damit rechtfertigte, dass „Offiziere Hitler distanziert gegenüberstünden"[34]. Als Soldat wurde er bald an die Front berufen. Dorthin schickte Sophie ihm zahlreiche Briefe. Aus einem von diesen entstammen diese im Zusammenhang ihrer Gesinnung und Gemütslage äußerst aufschlussreichen Zeilen: „Ich kann es nicht begreifen, dass nun andauernd Menschen in Lebensgefahr gebracht werden von anderen Menschen. ich kann es nie begreifen und finde es entsetzlich. Sag nicht, es ist fürs Vaterland." Besonders deutlich wurde ihre Haltung, geprägt von einem sehr ausgeprägten Gerechtigkeitsgefühl und einer

---

[31] Scholl, Inge: Die Weiße Rose, S. 19
[32] Georges Bernanos (1888 – 1948) war ein nach religiös katholischen, monarchistischen Grundüberzeugungen erzogener französischer Romanschriftsteller, der sich später nach dem wiederholten Zurückweichen der der französischen Republik vor Adolf Hitler auch als politischer Schriftsteller gegen das NS-Regime empörte.
[33] Friedli, Christina: Die Leute von Graiffstett, S. 135
[34] ebd., S. 33

eminenten Konsequenz, bei dem Entschluss, im Rahmen des Eroberungskrieges, den Hitler führte, für die Sammlung von warmer Kleidung im Winter 1941/42 nichts zu geben. Bezüglich dessen äußerte sie sich Fritz gegenüber in einer Weise, die ihn zwar tief schockierte, aber von ihm akzeptiert wurde. Ihr war es gleich, ob nun deutsche oder russische Soldaten erfrieren würden, aber wenn es die ersteren sind, dann wäre dieser ungerechte und gottesferne Krieg schneller vorbei, so äußerte sie sich sinngemäß. Ihrer Meinung nach konnte man nur entweder für oder gegen Hitler sein, für die Freiheit und Toleranz oder wahlweise für Führerklut und den Arierparagraphen.

3.2.2.2. Alexander Schmorell

Alexander Schmorell war der Vater eines deutschen Arztes und einer Russin. Er war ein Studienkollege von Hans; ein sportlicher und gut aussehender Mann, der das Schwimmen und Fechten liebte. Soweit entsprach er dem Idealbild des „Deutschen" nach dem Nationalsozialismus. In seiner Gesinnung jedoch hatte er zu „seinem Äußeren" jedoch eine gewaltige Diskrepanz. Anders als es von außen vermuten ließe, hasste er alles Militärische und verabscheute Zwang und Drill. Dies zeigt sich auch darin, dass er eigentlich lieber Bildhauer geworden wäre, seinem Vater zuliebe jedoch Medizin studierte, wobei er Hans kennenlernte. Er war ein Anhänger der russisch-orthodoxen-christlichen Kirche und verbrachte viel Zeit mit Sophie, wobei er sie modellierte, während sie ihrerseits ihn zeichnete. Er war streng nach seinem Glauben erzogen worden, und so sehnte er sich nach Russland, der damit einhergehenden Freiheit der endlosen Weite, nach dem Unsteten und Erlebnisreichen. Auch er nahm massiven Einfluss auf Sophie.

3.2.2.3. Christoph Probst

Über Alexander Schmorell gelangte auch Probst – die beiden waren langjährige Schulfreunde – zum Widerstand. Mit Hans teilte er die Liebe zu Gottes Schöpfung und die gleichen Philosophen und Bücher, die ihnen imponierten. Sein Vater war ein sehr weltoffener Mann, der eine ausgeprägte Liebe zu allen Religionen dieser Welt aufwies.

Er heiratete eine Jüdin und infolgedessen besuchte „Christl" zuvor Internate, die weitgehend vom Einfluss der Nationalsozialisten verschont blieben. Er war ein sehr empfindsamer und nachdenklicher Mensch mit ausgeprägter Nächstenliebe. Im Vergleich zu „Alex" handelte er sehr viel mehr „von innen heraus". Auch mit ihm kam Sophie ins Gespräch. Ihn bewegten in erster Linie die krasse Diskrepanz zwischen der von den Nationalsozialisten proagierten Ideologie und den kirchlichen Lehren und seine Liebe zu den Menschen, in den Widerstand einzutreten.[35] Den Kern seines Denkens und des daraus resultierenden Handelns lässt sich am besten in einem Zitat zusammenfassen, was aus einem Gespräch von ihm mit seiner Schwester Angelika stammt: „Er („Christl's" Vater) zeigte mit, dass kein Mensch, gleichgültig unter welchen Bedingungen, berechtigt ist, Urteile zu fällen, die allein Gott vorbehalten sind. Niemand, "so sagte er „kann wissen, was in der Seele eines Geisteskranken vorgeht. Niemand kann wissen, welches geheime innere Reifen aus Leid und Jammer erwachsen kann. Jedes Leben ist kostbar. Wir sind alle Gottes Kinder."

3.2.2.4. Willi Graf

Ein weiteres Mitglied der Weißen Rose, ein großer, blonder Saarländer, dem nationalsozialistischen Ideal entsprechend, schloss sich bereits in jungen Jahren einer katholischen Jugendbewegung an. Er beschäftigte sich intensiv mit Fragen der Theologie und Philosophie. Er sah in der Welt Gottes Plan, jedem Menschen den Ort beizumessen, an dem er zu leben hat. Diese Aktivitäten ließen auch ihn bald den Widersinn des Regimes erkennen, woraufhin er sich dem Widerstand anschloss.

„Nicht ständig dürfen wir uns vom günstigen Wind treiben lassen. Manchmal muss man schon einen Weg gehen, der nicht ganz leicht fällt." Der Ausspruch gibt seine Auffassung der damaligen Situation gut wieder, was auch seine Konsequenz gegenüber Andersgesinnten verdeutlicht: Sobald einer seiner Freunde der HJ beitrat, wurde dieser von ihm aus seinem Adressbuch gestrichen.[36]

---

[35] Scholl, Inge: Die Weiße Rose: S. 27 f.
[36] ebd., S. 28

3.2.2.5. Otl Aicher

Aicher war ein Klassenkamerad von Sophies jüngstem Bruder Werner, der ebenfalls ein Mitglied der Weißen Rose war. Anders als die evangelischen Jugendorganisationen, die sich weitestgehend widerstandslos in die Hitlerjugend integrieren ließen, leisteten die katholischen derweil teilweise starken Widerstand. Zu einer solchen gehörte Otl Aicher. Im Zuge der sich zur Zeit der 30er- Jahre überschlagenden Ereignisse, in dem ein völliger Umbruch stattfand, suchte Aicher geistigen Halt. Diesen fand er in einer Bewegung der Erneuerung des Katholizismus. E r empfahl die Bücher, die er zu diesem Thema las, auch Hans und Sophie Scholl.[37]

Wie auch Aicher suchte Sophie in diesen Tagen nach Halt und fand ihn, auch dank ihrer evangelischen Mutter, in der Bibel. Durch die Schönheit und Perfektheit der Natur, war sie davon überzeugt, dass es einen Schöpfer, eine höhere Macht geben muss. " Herr, wie lange willst du mich so ganz vergessen? Wie lange verbirgst du dein Angesicht vor mir? Wie lange soll ich Sorgen in meiner Seele und mich ängsten in meinem Herzen täglich? Wie lange soll sich mein feind über sie erheben? Schaue doch und erhöre mich, Herr, mein Gott! Erleuchte meine Augen, dass ich nicht im Tod entschlafe, dass sich mein feind nicht rühme, er sei meiner mächtig geworden (…)." [38](Ps 13,1-4). Dieser Bibelvers war elementar für ihr Denken und Handeln. Sie wusste, dass in Deutschland sehr viele Menschen Abneigung gegenüber dem Regime empfanden. Aufgrund der Furcht vor der Gefahr von rechtlichen Konsequenzen im Unrechtstaat gegen das treten in den aktiven Widerstand zogen sie es jedoch vor, die Unzufriedenheit auszublenden und stumm zu bleiben. Die Absicht Sophies und ihrer Freunde war es nun, ein Zeichen zu setzen, dass es Menschen gibt, die sich trauen und imstande sind, aufzubegehren und zum passiven Widerstand aufzurufen; Solidarität zeigen, Zweifelnde zum Anschluss und Anhänger des Regimes zum Umkehren bewegen. Die wesentliche Absicht lag darin, der Entwicklung, nach der Niederlage im Krieg der Deutschen, welche ihnen bereits sehr früh bewusst war, entgegenzutreten, dass die Deutschen, ein „so

---

[37] Milstein, Werner: Sophie Scholl – Ein Porträt, S.37

[38] Luther, Martin: Die Bibel, S. 604

herrschsüchtiges und kriegerisches **Volk**" von allen Nationen gehasst und für immer aus der Gemeinschaft der Staaten verstoßen wird. Sie wollten mit ihren Aktionen somit ein Zeichen setzen, dass „Nicht alle Deutschen mitgemacht haben". Ihre Kernmotive, in den Widerstand einzutreten, waren in erster Linie, menschliche Souveränität zu wahren und, damit verbunden, eine freie Gesellschaft zu verteidigen bzw. zu erkämpfen. Die Verhinderung des Durchsetzens eines Barbarismus und der vollständigen Legalisierung des Völkermordes. Die Verteidigung des Gemeinsamen der Menschheit mit allen ihren Nationen und Rassen, das Gemeinsame den Unterschieden übergeordnet. Ihr politischer Ansatz und Kernziel für Deutschland war die Einführung einer parlamentarischen Demokratie; einer Staatsform, dessen Existenz wir heute in Deutschland erleben dürfen und die frei Meinung aller berücksichtigt. In ihren Flugblättern zielten sie vor allem auf das Versagen der deutschen Intelligenz ab, sich der Durchsetzung eines solchen Regimes nicht entgegengestellt zu haben und so vor allem dem Bildungsbürgertum ein schlechtes Gewissen zuzufügen.

Bei der Entwicklung dieser konsequenten Haltung spielte in Verbindung mit der Politik auch die Entdeckung des Christentums eine wichtige Rolle. Weniger durch die Kirche, die sich dem Regime fügte und schwieg, wurden sie von den Christen beeindruckt, die im Untergrund mit einer herausragenden Standhaftigkeit, Verlässlichkeit und starkem Selbstbewusstsein Widerstand leisteten. Das Christentum war für sie auf diesem Wege ein ständiger, umsichtiger Begleiter, der sie mit immerwährender Wachsamkeit in eine unbekannte Zeit führte. [39]

3.2.3. Bekannte

3.2.3.1. Bischof Clemens Graf von Galen

Zu den wenigen, die es gewagt haben, gegen das Unrechtsregime zu protestieren, gehörte auch Clemens August Graf von Galen (1878-1946), der gegen die Ermordung geistig behinderter Menschen durch die Nazis predigte, welche dieses euphemistisch als Euthanasie verschleierten. Er sprach auch den als unvermeidliche Folge des Verbots des

---

[39] Scholl, Inge: Die Weiße Rose: S. 99-106

Religionsunterrichtes an Schulen etc. resultierenden, tiefen Hass gegen das Christentum seitens des Regimes aus. Ebenso kritisierte er, dass sich das NS-Regime anmaßte, über den Wert des Lebens zu urteilen und sich damit gleichsam zum Schöpfer aufzuschwingen. Hans Hirzel, ein Freund von Hans, ließ ihm eine Abschrift seiner predigten zukommen, bei dessen Lektüre Hans gesagt haben soll: „Endlich hat einer den Mut, zu sprechen! Man sollte einen Vervielfältigungsapparat haben".[40]

3.2.3.2. Carl Muth

Nur kurz zwar, aber dennoch erwähnt werden soll hier an dieser Stelle Carl Muth, der Herausgeber der hochgradig regimekritischen, katholischen Zeitung „Hochland", die 1941 von den Nazis verboten wurde. Mit ihm verkehrte Hans des Öfteren in seiner Bibliothek, wo sie über die Freiheit und en Wert des Geistes unterhielten. Hierbei wurde ihnen bewusst, dass sie richtiggehende „Kellerpflanzen" waren, die in ihrer Unfreiheit danach lechzten, wieder frei atmen, frei schaffen und wieder sie selbst sein zu dürfen, ohne Konsequenzen fürchten zu müssen.[41]

Zusammenfassung

Die beiden hauptsächlichen Motive, die Sophie Scholl zum Wiederstand führten waren das Christentum und die Freiheit. Fast alle Mitglieder der Weißen Rose haben eine christliche Erziehung erfahren; Hans und Sophie Scholl wurden von ihrer evangelischen Mutter zu christlichen Idealen und Leitbildern wie der Nächstenliebe erogen. Alexander Schmorell indessen war ein russisch-orthodoxer Christ, für den auch besonders, seinem Heimatland gedenkend, die Freiheit eine sehr wichtige Rolle spielte, was auch bekräftigend auf die Geschwister Scholl einwirkte; Graf und Aicher waren katholisch erzogen. In ihrem weiteren Leben wurden, besonders im Rahmen des Dritten Reiches und dem einhergehenden Gefühl eines „Raums, dessen Wände stets näher zu kommen scheinen", bekräftigte das Verlangen danach, etwas dafür zu tun, ihre Ideale der

---

[40] Scholl, Inge: Die Weiße Rose: S. 24-26.
[41] Scholl, Inge: Die Weiße Rose: S. 26 f.

Freiheit, Gerechtigkeit und Selbstständigkeit einfordern zu können. Die Selbstverständlichkeit der Beschäftigung mit Literatur, Kunst und Musik weckte ihr Unverständnis über die „Entartung" zahlreicher bekannter Werke und Künstler und ließ sie als aufgeklärte Bürger des Unrechtstaates über den Arierparagraphen, die Rassenpolitik, die Judendeportationen und besonders die Anmaßung des Regimes über den Wert des Lebens zu entscheiden, welches doch eigentlich allein Gott vorbehalten war und noch immer ist, empören.

Literaturverzeichnis

Ackermann, Konrad: Hochland. Monatsschrift für alle Gebiete des Wissens, der Literatur und Kunst   https://www.historisches-lexikon-bayerns.de/Lexikon/Hochland._Monatsschrift_f%C3%BCr_alle_Gebiete_des_Wissens,_der_Literatur_und_Kunst 16.11.2015, Abruf vom 29.02.2016

Bannert, Claudia; Albrecht, Kai-Britt: Sophie Scholl 1921-1943. https://www.dhm.de/lemo/biografie/sophie-scholl 29.09.2015, Abruf vom 19.11.15

Beuys, Barbara 2010: Sophie Scholl, München: Carl Hanser Verlag

Friedli, Christina 2015: Die Leute von Graiffstett, Hamburg: Die Leute von Graiffstett

Kuhla, Karoline: Geschwister Scholl Erzogen zum Widerstand.

http://www.spiegel.de/einestages/hinrichtung-von-hans-und-sophie-scholl-erzogen-zum-widerstand-a-951049.html 21.02.2013, Abruf vom 19.11.2015

Luther, Martin 1972: Die Bibel, Stuttgart: Württembergische Bibelanstalt

Marx, Christoph: Vor 72 Jahren wurde Sophie Scholl ermordet: Christliche Studentin gegen Hitler. http://www.huffingtonpost.de/christoph-marx-/vor-72-jahren-wurde-sophie-scholl-ermordet-christliche-studentin-gegen-hitler_b_6725868.html 22.02.2015, Abruf vom 21.02.2016

Milstein, Werner 2004: Mut zum Widerstand Sophie Scholl – ein Porträt, Neukirchen: Neukirchener Verlagshaus

Schimmeck, Kerstin: Sophie und Hans Scholl, zum Tode verurteilt am 22.02.1943.

https://www.bundesarchiv.de/oeffentlichkeitsarbeit/bilder_dokumente/03388/index.html .de 15.06.2013, Abruf vom 19.11.15

Scholl, Inge 1955: Die Weiße Rose, Frankfurt am Main: Fischer Verlag

Vinke, Hermann 1980: Das kurze Leben der Sophie Scholl. Mit einem Interview von Ilse Aichinger, Ravensburg: Ravensburger Verlag

BEI GRIN MACHT SICH IHR WISSEN BEZAHLT

- Wir veröffentlichen Ihre Hausarbeit,
  Bachelor- und Masterarbeit

- Ihr eigenes eBook und Buch -
  weltweit in allen wichtigen Shops

- Verdienen Sie an jedem Verkauf

Jetzt bei www.GRIN.com hochladen
und kostenlos publizieren